When I Feel
Afraid

Cuando tengo
miedo

Cheri J. Meiners, M.Ed.

Ilustrado por Meredith Johnson
Traducido por HIT Bilingual Publishing

free spirit
PUBLISHING®

Library of Congress Cataloging-in-Publication Data
Names: Meiners, Cheri J., 1957– author. | Johnson, Meredith, illustrator. | HIT Bilingual Publishing, translator. | Meiners, Cheri J., 1957–
    When I feel afraid. | Meiners, Cheri J., 1957– When I feel afraid. Spanish
Title: When I feel afraid = Cuando tengo miedo / Cheri J. Meiners ; ilustrado por Meredith Johnson ; traducido por HIT Bilingual
    Publishing.
Other titles: Cuando tengo miedo
Description: Minneapolis, MN : Free Spirit Publishing, [2023] | Series: Learning to get along | Audience: Grades K–1 | Summary:
    "Children today have many fears, both real and imagined. This book helps children understand their fears and teaches basic coping
    skills. Simple words and inviting illustrations show little ones that they're not alone, there are many people they can talk to, and they
    can even help themselves feel better, stronger, and safer. Made to be read aloud, this book also includes a special section for adults,
    with ideas for supporting children when they feel afraid and a list of additional resources"—Provided by publisher.
Identifiers: LCCN 2022033423 (print) | LCCN 2022033424 (ebook) | ISBN 9781631988257 (paperback) | ISBN 9781631988486 (ebook)
Subjects: LCSH: Fear in children—Juvenile literature. | BISAC: JUVENILE NONFICTION / Social Topics / Emotions & Feelings |
    JUVENILE NONFICTION / General
Classification: LCC BF723.F4 M4518 2023 (print) | LCC BF723.F4 (ebook) | DDC 152.4/6—dc23/eng/20220722
LC record available at https://lccn.loc.gov/2022033423

Edited by Marjorie Lisovskis
Cover and interior design by Marieka Heinlen
Illustrated by Meredith Johnson

Free Spirit Publishing
An imprint of Teacher Created Materials
9850 51st Avenue, Suite 100
Minneapolis, MN 55442
(612) 338-2068
help4kids@freespirit.com
freespirit.com

Free Spirit offers competitive pricing.
Contact edsales@freespirit.com for pricing information on multiple quantity purchases.

Dedication

To my precious daughter Julia
and to each child who has ever
felt afraid.

Dedicatoria

A mi preciosa hija Julia y a todos
los niños y las niñas que alguna vez
tuvieron miedo.

Sometimes I think about things
that could happen.

A veces pienso en las cosas que podrían suceder.

I might imagine things that frighten me,

Me imagino cosas que me asustan,

like something in the dark
or in my dreams.

como algo en la oscuridad
o en mis sueños.

4

Or I might see things that are pretend,
like a spooky movie.

A veces veo cosas que no suceden en la realidad,
como en una película que da miedo.

Sometimes scary things are real.

There might be fighting somewhere,
or people who want to hurt other people.

When I think about these things,
I may feel sad, or angry, or afraid.

A veces las cosas que dan miedo son reales.

Tal vez haya peleas en algún lugar o gente
que busque lastimar a otros.

Cuando pienso en esas cosas, puedo
sentirme triste, enojada o asustada.

I'm sorry that bad things happen.
When I don't know what to do,
I can talk to someone who cares about me.

Me apena que pasen cosas malas.

*Cuando no sé qué hacer, puedo hablar
con alguien que me quiere.*

I might talk to my dad or mom
or someone else in my family.

Puedo hablar con mi mamá, con mi papá
o con otra persona de la familia.

I might also have a baby-sitter
or a neighbor I can talk to.

También puedo hablar con mi niñera
o con algún vecino.

I know people I can trust.

Hay personas en las que puedo confiar.

They take time with me when I need help.

They listen and answer my questions.

They help me understand what is real
and what is imaginary.

They comfort me when I feel afraid.

I feel warm and safe with them.

Me acompañan cuando necesito ayuda.

Escuchan mis preguntas y las responden.

Me ayudan a entender qué es real y qué
es imaginario.

Me tranquilizan cuando tengo miedo.

Me siento protegida y segura cuando estoy con ellos.

I also know community helpers I can trust.

También conozco a otros miembros de la comunidad en los que puedo confiar.

nurses and doctors

enfermeros y médicos

counselors and religious leaders

terapeutas y líderes religiosos

sales clerks and postal workers

vendedores y carteros

police officers, firefighters, and soldiers

oficiales de policía, bomberos y soldados

bus drivers, librarians, and teachers

conductores de autobús, bibliotecarios y maestros

They all have special jobs that help people.

Todos ellos hacen trabajos especiales que ayudan a la gente.

When I feel worried or afraid, it helps to talk, laugh, and play with friends, too.

Cuando estoy preocupada o tengo miedo, también me sirve hablar, jugar y divertirme con mis amigos.

I feel better when I am with them.

Me siento mejor cuando estoy con ellos.

There are some things I can't change.
If there is nothing I can do about my worries,

Hay algunas cosas que no puedo cambiar.
Si no puedo hacer nada con lo que me preocupa,

I can think of other things instead.

puedo pensar en otras cosas.

I can read books, or draw pictures.
I can play outdoors, or take a walk.

Puedo leer libros o dibujar.
Puedo jugar al aire libre o salir a caminar.

I can make things, or play games.
I can sing songs.

Puedo armar cosas o jugar a algo.
Puedo cantar canciones.

All these things remind me of the good people and good things in the world.

Todo eso me recuerda que hay personas buenas y cosas buenas en el mundo.

I may also have a quiet place where I feel safe.

También tengo un lugar tranquilo donde me siento segura.

In my quiet place,
I might tell myself something nice.

I might take some deep breaths.

I might say a prayer.

I might think about
the good things in my life.

En mi lugar tranquilo
puedo pensar en cosas lindas.

Puedo respirar profundo.

Puedo rezar.

Puedo pensar en todas las cosas
buenas que hay en mi vida.

I want to be strong.

Quiero ser fuerte.

I want to do things I think are right,
even if they seem hard.

Quiero hacer lo que creo que es correcto,
aunque parezca difícil.

When I feel afraid,
I know ways to help myself feel safe.

Cuando tengo miedo, sé que puedo hacer
cosas que me ayudan a sentirme segura.

And I know people I can trust to help me.

Y las personas en quienes confío pueden ayudarme.

Supporting Children When They Feel Afraid

Young children may fear the dark, thunder, spiders, monsters. They may become scared after seeing characters, creatures, or events on TV. They may be afraid of disasters like earthquakes, wildfires, or floods, or of violence they have experienced, seen, or heard of. *When I Feel Afraid* is meant to be a tool parents, teachers, and other adults can use to reassure young children and give them a realistic sense of control concerning their fears. Through sharing the book with adults in their lives, children can come to know that fear is a natural human response, that there are ways to cope with fears, and that there are people who can help them do this.

You may also find the following suggestions helpful. Like the ideas presented in the children's text, these emphasize three key concepts for supporting children—*communicate, clarify,* and *comfort*—along with activities that can help to both soothe and empower children.

Listen and ask questions. Children feel validated when they know someone cares about their fears. By listening carefully and not minimizing their concerns, you show children they can trust you to respect their sensitive feelings. When a child shows or expresses fear, ask questions to invite discussion: "What are you afraid of?" "What are you worried could happen?" "What do you know about?..." "You seem a little worried. Can you tell me about it?" Listen carefully to the child's responses. This approach helps you find out what your child already knows and what his or her specific concerns are.

Talk simply and honestly. Give answers to children according to their age, level of understanding, and interest. Avoid burdening or confusing them with too many details. At the same time, tell the truth with as much kindness as possible. Do not promise outcomes that you can't control; rather, let children know that you and others are doing everything possible to help keep them and their loved ones safe: "I know you're afraid a tornado might come. No one knows exactly where a tornado might go. We can all stay safe in the basement, though." "It's true that being a police officer can be dangerous sometimes. Daddy gets special training, and he does lots of things to stay safe. So I don't worry about him when he's at work."

Use a quiet, calm voice. If a child asks you about your feelings, be gentle and careful as you express your concerns, and as positive as you realistically can: "It's very scary when people get killed. The fighting is far away, though, and we're safe here at school." Children will take their cues from you. If you speak loudly or sound panicky, children will pick up on your intensity. If your voice is steady and you seem composed, children will feel reassured. If you express a hopeful outlook or suggest a way to help, children will see that it's possible to take positive action when bad things happen: "I'm sorry the children's mommy died, too. Our family is safe here at home, though. There's a bank that's collecting money for the children. Maybe we could give some money to help."

Remember, too, that children often tune in to grown-ups' conversations. Whenever possible, discuss adult topics out of children's hearing range.

Clear up confusions. While adults distinguish past events from current ones and the real from the imaginary, children often do not. This is especially true with television. Straighten out facts that have been misunderstood, such as confusing a TV news report with a fictional program. For fears that stem from imagination or confusion, help your child imagine a more positive outcome: "Monsters seem real on TV, but they're make-believe. Let's make up our own monster and draw a picture of it. Maybe it could be a silly one."

Put fears in perspective. Let children know if they are not in danger, or if you consider the danger minimal. If there is a real threat to their safety, answer questions in the most reassuring way that acknowledges both the fear and your efforts to keep children safe: "Car accidents happen sometimes. But I don't think we'll die in a car crash. I drive carefully, and we all wear our seatbelts. Being careful like this helps us be safe."

Sometimes a child will imagine that she or he caused a divorce, an accident, or someone's illness. In these situations, assure children they are not the cause of the bad things happening. Also, allay their fears about what else is likely to happen: "I'm not divorcing *you*; you'll still be in my life."

Read and discuss books that deal with fears. Besides reassuring a child of your caring and concern, books offer a tool to frame a discussion of specific or general fears. They can also help you direct children toward activities that will lift their spirits.

Help children focus on the positive. Children are often more sensitive to events than adults are. While fear can help keep a child safe, it may also show caring and a concern for what happens to oneself or others. Encourage children to use this sensitivity to think of things to do for others; this will bring comfort as children focus on things over which they have control: "I know you're worried that your teacher is sick. I bet he'd be glad to know you're thinking about him. Would you like to draw a get-well picture to send him?"

Also help children see and appreciate what's good in their own lives. One way to do this is by having children make an "I Am Grateful" book. They can make individual books about things they're thankful for, or make a family or class book with pages for each person. When a child feels afraid, share the book as a reminder that the good in life can outweigh the bad.

Be available. Children can become afraid at any time, even while doing something seemingly unrelated to the fear. They may fear something they anticipate happening, something that is happening currently or is being imagined, or something frightening that they remember. At times like these, your mere presence, along with the knowledge that you are available, can be comforting to children.

Tell children that you care about them. More than anything else, children want to know that they are loved and that adults will protect them. Your relationship with them is the most powerful tool they have to help them feel secure. At home, children need to hear, "I love you." Away from home, they need caregivers and teachers to say, "I care what happens to you." Children need all the adults who are responsible for their well-being to tell them, "I'll take care of you." Physical comfort is important, too. Hugs, kisses, pats on the back, shoulder rubs, and even mild rough-and-tumble play reassure children of your affection and concern.

Let children know they are never alone. Children have a fear of being separated from loved ones in a time of crisis, and at other times, too. Assure them that you are leaving them in good hands; let them know when you'll return. Make certain children know who is responsible for their care at a given time—a parent, teacher, childcare provider, or baby-sitter, for example. Also explain the role of various community helpers who are there to keep people safe. Ask children where they might turn for help at the store, at school, or in another child's home. Discuss their ideas, making sure they know how to get help in different settings. Role playing about helpers can support this message.

Keep the lines of communication open between home and school. Parents can alert teachers and caregivers to situations that might affect a child's learning or school interactions. Teachers can let parents know about school experiences so that these can be appropriately discussed and reinforced at home.

Follow a healthy routine. Make sure children (and you) get plenty of sleep, fresh air, and exercise, as well as a balanced diet. This will help provide emotional as well as physical balance. Activities like eating regular meals, having routine playtimes, practicing a sport or musical instrument, and helping with chores build self-esteem and help children feel they have a place in the family or classroom. Carefully planned, predictable transitions from one activity to the next also give a reassuring rhythm to a child's day. Rituals, too, are comforting to a child. This is especially true at night when fears can be greatest. Reading a story, talking about the day, saying prayers, or singing a song are activities that allow a child to relax and rest peacefully.

As part of the home routine, set aside one time each week, perhaps in the evening, specifically for being together as a family. Children feel secure knowing they have regular times with the family to play games, plan activities and outings, and discuss concerns and ideas that interest them. Maintain spiritual traditions as well. Many aspects of religious life can comfort and support children, both with developmental fears and in times of crisis. The familiarity of attending services, seeing friends, and listening and talking to religious leaders can add another dimension of security and stability.

Monitor TV and games. Be aware of what (and how much) children are watching on television. Also be aware of the kinds of video and computer games children play. Young children who see or hear graphic violence, whether it's on the news or part of other programming, can become very fearful. Vivid, violent games can have a similar effect. Controlling children's viewing and gaming activities not only reduces the amount of violence they are likely to see, but also allows time for other worthwhile activities. In addition, family talks about what's happening on TV—what everyone thinks and how they feel watching it—can be a good way to clear up questions and allay fears.

Encourage healthy play. Let children draw pictures as a way to release and express their emotions. Writing stories and other creative play are also useful problem-solving tools. Do not allow play in which children purposely hurt or try to hurt others; redirect children to cooperative ways to play instead.

Prepare for changes and emergencies. Prepare children for new situations that may be stressful. Discuss expectations and give reassurance before events such as starting school, making a switch to a new classroom, moving, or experiencing a family change like a divorce, a marriage, or a baby's arrival. Also develop a family plan for various emergencies that could affect children. Talk together about safety measures such as how and when to dial 911, where everyone can meet when community sirens sound, and what to do for fire safety. Make sure children know their address as well as phone numbers where family adults can be reached. Children can also help in finding and assembling items for a family emergency kit. You'll find details about this at *www.redcross.org.* Click on "Prepare Your Home and Family."

Help children reach out to others. They might write to someone who is sick or to public servants like firefighters. They can write to leaders and politicians to let their voices be heard. Children also love to draw pictures, write stories or poems, make crafts and small gifts, and help with chores. Help your child think of people who may appreciate their letters and gifts such as friends, family, relatives, and those in institutional settings like hospitals or nursing homes. Encourage children to donate items such as gently used toys, clothing, or books to people who are in need. The Red Cross accepts money for relief aid; local charities accept donations of clothing and furniture. Toiletries and canned goods are welcome at shelters and community kitchens. Children can also participate in walkathons that raise money to fight diseases.

Teach children to appreciate differences. People have different physical traits and abilities, interests, customs, and beliefs. Show through teaching and example that the different ways people look, talk, act, and learn are valuable and interesting. Help children respect and appreciate all kinds of diversity; foster their curiosity about others and encourage them to share their own unique traits and experiences as well. This helps children learn not to fear the unknown and supports understanding of people from different backgrounds.

If needed, seek outside help. Despite all your efforts, behavioral changes that affect eating, sleep, or play may occur when children are afraid or aware of a crisis. Some temporary allowances in behavior, as well as extra time with you, may give an added measure of comfort. If a fear is limiting or overtaking a child's everyday life, though, seek professional help. You might ask a pediatrician, guidance counselor, psychologist, or social worker to recommend a counselor or child development specialist. Let the agency or counselor know if cost is a concern; ask if services can be covered by a medical plan or whether low-cost or free assistance is available.

Additional Resources for Supporting Children

The following resources offer support for dealing with young children's fears. For books about specific fears, check with your library or bookstore.

APA American Psychological Association Crisis Hotlines and Resources
apa.org/topics/crisis-hotlines • Provides recommendations for fostering young children's resilience during times of social upheaval.

"Helping Children Cope with Terrorism: Tips for Families and Educators"
nasponline.org • Information and guidance from the National Association of School Psychologists.

"Mommy, I'm Scared": How TV and Movies Frighten Children and What We Can Do to Protect Them
by Joanne Cantor, Ph.D. (New York: Harcourt, 1998). Presents research, case studies, and theories of developmental psychology to illustrate effects of media violence, along with strategies to help children cope with media-induced fears.

PBS Parents
pbs.org/parents/learn-grow • A site with informative articles on a range of early childhood development topics.

Sesame Workshop
sesameworkshop.org • Find video and print content for parents and caregivers to help children handle stress and fear.

There's a Big, Beautiful World Out There!
by Nancy Carlson (New York: Puffin Books, 2004). A children's book that fosters courage, overcoming anxieties, and a positive outlook.

Maneras de ayudar a los niños cuando sienten miedo

Los niños pequeños pueden tener miedo a la oscuridad, a los truenos, a las arañas, a los monstruos. Es posible que sientan miedo después de ver determinados personajes, criaturas o hechos en la televisión. Tal vez les provoquen miedo los desastres naturales, como los terremotos, los incendios forestales o las inundaciones, o los hechos de violencia que hayan experimentado, visto u oído mencionar. *Cuando tengo miedo* está pensado como una herramienta que los padres, los maestros y otros adultos pueden utilizar para tranquilizar a los niños pequeños y darles una sensación de control sobre sus miedos basada en la realidad. Al compartir el libro con los adultos que forman parte de su vida, los niños pueden descubrir que el miedo es una respuesta natural del ser humano, que hay formas de enfrentar los miedos y que hay personas que pueden ayudarlos a hacerlo.

Las siguientes sugerencias también pueden resultarle útiles. Al igual que las ideas que se presentan en el texto para los niños, estas sugerencias hacen hincapié en tres conceptos clave: *comunicar, aclarar* y *reconfortar,* junto con actividades que pueden ayudar a tranquilizar a los niños y hacer que se sientan más capaces de enfrentar sus miedos.

Escuche y haga preguntas. Los niños se sienten validados cuando saben que alguien escucha sus miedos. Al prestar atención a sus preocupaciones sin minimizarlas, usted les demuestra que respeta sus sentimientos y sus angustias. Cuando un niño muestre o exprese miedo, hágale preguntas para propiciar la conversación: "¿De qué tienes miedo?"; "¿Qué te preocupa que pueda ocurrir?"; "¿Qué sabes acerca de...?"; "Pareces un poco preocupado. ¿Quieres contarme por qué?". Escuche con atención las respuestas del niño. Este enfoque lo ayudará a averiguar lo que el niño ya sabe y cuáles son sus preocupaciones específicas.

Hable con sencillez y sinceridad. Respóndales a los niños de acuerdo con su edad, nivel de comprensión e interés. Evite agobiarlos o confundirlos con demasiados detalles. Al mismo tiempo, diga la verdad de la forma más amable posible. No prometa resultados que no pueda controlar; más bien, hágales saber que usted, junto con otras personas, está haciendo todo lo posible para que ellos y sus seres queridos estén a salvo: "Sé que tienes miedo de que venga un tornado. Nadie sabe exactamente por dónde puede pasar un tornado. Pero todos podemos estar a salvo en el sótano"; "Es cierto que ser policía a veces puede ser peligroso. Tu papá recibe un entrenamiento especial y hace muchas cosas para mantenerse a salvo. Así que no me preocupo por él cuando está trabajando".

Hable con un tono de voz tranquilo y calmado. Si un niño le pregunta a usted cómo se siente, exprese sus preocupaciones amable y cuidadosamente y sea lo más positivo y realista posible: "Da miedo que maten a la gente. Pero los combates son lejos; en la escuela estamos seguros". Usted será el modelo de conducta para los niños. Si habla en voz alta o con pánico, los niños captarán su intensidad. Si habla con voz firme y parece sereno, los niños se sentirán tranquilos. Si expresa una opinión esperanzadora o sugiere una forma de ayudar, los niños verán que es posible actuar de manera positiva cuando ocurren cosas malas: "Yo también lamento que la mamá de esos niños haya muerto. Pero nuestra familia está a salvo aquí en casa. Hay un banco que está reuniendo dinero para los niños. Tal vez nosotros también podamos donar algo de dinero para ayudar".

Recuerde, además, que los niños suelen oír las conversaciones de los adultos. Siempre que sea posible, hable de los temas de los adultos cuando los niños no estén presentes o no puedan escuchar.

Aclare las confusiones. Mientras que los adultos distinguen los acontecimientos pasados de los actuales y lo real de lo imaginario, los niños por lo general no pueden hacerlo. Esto ocurre especialmente con lo que ven en la televisión. Aclare los hechos que el niño haya malinterpretado, como la posible confusión de una noticia televisiva con el contenido de un programa de ficción. En el caso de los miedos que surgen de la imaginación o la confusión, ayude al niño a imaginar un resultado más positivo: "Los monstruos parecen reales en la televisión, pero son de mentira. Inventemos nuestro propio monstruo y dibujémoslo. Tal vez podría ser un monstruo un poco loco".

Ponga los miedos en perspectiva. Si los niños no se encuentran en peligro o si usted cree que el riesgo es mínimo, hágaselo saber. Si existe una amenaza real para su seguridad, responda las preguntas de la forma más tranquilizadora posible, reconociendo tanto el miedo como los esfuerzos que se están realizando para mantener a los niños a salvo: "A veces hay accidentes de auto. Pero no creo que vayamos a morir en un accidente de auto. Yo conduzco con cuidado y todos llevamos puesto el cinturón de seguridad. Eso nos ayuda a estar seguros".

A veces, un niño se imagina que ha provocado un divorcio, un accidente o la enfermedad de alguien. En esas situaciones, asegúrele al niño que él o ella no es la causa de nada malo que esté ocurriendo. También hay que disipar sus temores sobre lo que puede ocurrir: "No me voy a divorciar de ti; tú siempre seguirás siendo parte de mi vida".

Lea y comente libros que traten sobre los miedos. Además de demostrarle al niño que usted se interesa por lo que le sucede, encontrará en los libros una herramienta útil para contextualizar una conversación sobre miedos específicos o generales. Los libros también pueden ayudarlo a orientar a los niños para realizar actividades que les levanten el ánimo.

Ayude a los niños a centrarse en lo positivo. Los niños suelen ser más sensibles a los acontecimientos que los adultos. El miedo puede ayudar a mantener a un niño a salvo y también puede ser una demostración de cariño y preocupación por lo que le ocurre a él mismo o a los demás. Anime a los niños a aprovechar esta sensibilidad para pensar en cosas que ellos puedan hacer por los demás; eso les devolverá la calma, ya que los niños se centran en las cosas sobre las que tienen control: "Sé que estás preocupado porque tu maestro está enfermo. Seguramente le alegrará saber que estás pensando en él. ¿Te gustaría hacer un dibujo para que se mejore y enviárselo?".

Ayude también a los niños a ver y apreciar las cosas buenas de su propia vida. Una forma de hacerlo es pedirles que hagan un libro titulado *Agradezco*. Pueden hacer libros individuales sobre las cosas que agradecen, o hacer un libro con la familia o con la clase en el que haya páginas reservadas para cada persona. Cuando un niño sienta miedo, comparta el libro para ayudarlo a recordar que las cosas buenas de la vida pueden ayudarnos a superar los malos momentos.

Esté disponible. Los niños pueden sentir miedo en cualquier momento, incluso mientras hacen algo que, aparentemente, no se relaciona con el miedo. Pueden temer algo que anticipan que va a suceder, algo que está sucediendo en ese momento o que se imaginan, o algo aterrador que recuerdan. En momentos así, su mera presencia, además del hecho de saber que usted está disponible, puede devolverles la calma a los niños.

Demuestre amor e interés. Más que ninguna otra cosa, los niños desean saber que los adultos los aman y los protegerán. Su relación con ellos es la herramienta más poderosa que usted tiene para ayudarlos a sentirse seguros. En casa, los niños necesitan que les digan: "Te quiero". Fuera de casa, necesitan que sus cuidadores y sus maestros les digan: "Me importa lo que te sucede". Los niños necesitan que todos los adultos responsables de su bienestar les digan: "Yo te cuidaré". El contacto físico también es importante. Los abrazos, los besos, las palmaditas en la espalda o en los hombros e incluso los juegos de lucha les devuelven la calma a los niños y les confirman el afecto y el interés que usted siente por ellos.

Dígales a los niños que nunca están solos. Los niños temen separarse de sus seres queridos en tiempos de crisis y también en otros momentos. Asegúreles que los deja en buenas manos; dígales cuándo volverá. Asegúrese de que los niños sepan quién es el responsable de cuidarlos en un momento dado: uno de sus padres, un maestro, un cuidador o una niñera, por ejemplo. Explíqueles también el papel de los distintos miembros de la comunidad que trabajan para cuidar a las personas. Pregunte a los niños adónde podrían dirigirse para pedir ayuda en una tienda, en la escuela o en la casa de otro niño. Comente sus ideas y asegúrese de que saben cómo obtener ayuda en diferentes situaciones. Los juegos en los que se representan distintos ayudantes de la comunidad pueden contribuir a comunicar ese mensaje.

Mantenga abiertos los canales de comunicación entre el hogar y la escuela. Los padres pueden alertar a los maestros y a los cuidadores sobre situaciones que puedan afectar el aprendizaje del niño o sus interacciones en la escuela. Los maestros pueden informar a los padres sobre las experiencias escolares para que estas se puedan conversar y reforzar de manera adecuada en casa.

Siga una rutina saludable. Asegúrese de que los niños (y usted) duerman lo suficiente, tomen aire fresco y hagan ejercicio, además de tener una dieta equilibrada. Eso los ayudará a lograr un equilibrio tanto emocional como físico. Actividades como comer a determinada hora, tener un horario de juego regular, practicar un deporte o tocar un instrumento musical y ayudar en las tareas domésticas fomentan la autoestima y ayudan a los niños a sentir que tienen un lugar en la familia o en el salón de clases. Las transiciones de una actividad a otra, cuando están planificadas con cuidado y se pueden anticipar, también le dan una organización al día del niño que le permite mantener la calma. Los rituales también son tranquilizadores para los niños. Esto ocurre, en especial, por la noche, cuando los miedos pueden incrementarse. Leer un cuento, hablar acerca del día, rezar o cantar una canción son actividades que le permiten al niño relajarse y descansar bien.

Como parte de la rutina del hogar, reserve un momento de la semana, quizás por la noche, específicamente para compartir tiempo juntos en familia. Los niños se sienten seguros sabiendo que tienen encuentros periódicos con la familia para jugar, planificar actividades y salidas, y compartir ideas o conversar sobre temas que los preocupan o les interesan. Mantenga también las tradiciones relacionadas con lo espiritual. Muchos aspectos de la vida religiosa pueden ayudar a los niños y darles tranquilidad, tanto cuando se trata de miedos propios de su desarrollo como cuando atraviesan momentos de crisis. Asistir a los servicios religiosos de manera asidua, ver a los amigos, escuchar a los líderes religiosos y conversar con ellos también puede contribuir a incrementar la sensación de seguridad y estabilidad.

Controle la televisión y los juegos. Esté al tanto de lo que ven los niños en la televisión (y durante cuánto tiempo). También esté atento a los tipos de videojuegos y juegos de computadora que les gustan. Los niños pequeños que ven o escuchan violencia gráfica, ya sea en las noticias o en otros programas, pueden tener mucho miedo. Los juegos intensos y violentos pueden tener un efecto similar. Controlar los programas que los niños ven y a qué juegan no solo reduce la cantidad de violencia a la que están expuestos, sino que también les deja tiempo para otras actividades que valen la pena. Además, las charlas familiares sobre lo que ocurre en la televisión (lo que cada uno piensa y cómo se siente al verlo) pueden ser un buen recurso para aclarar dudas y disipar miedos.

Fomente el juego sano. Invite a los niños a hacer dibujos como forma de liberar y expresar sus emociones. Escribir relatos y realizar otros juegos creativos también son herramientas útiles para la resolución de problemas. No permita que los niños jueguen haciendo daño o intentando hacer daño a los demás; reoriéntelos hacia formas de juego cooperativas.

Prepare a los niños para enfrentar los cambios y las emergencias. Prepare a los niños para hacer frente a situaciones nuevas que puedan ser estresantes. Hable de las expectativas y tranquilícelos antes de ciertos acontecimientos, por ejemplo, el comienzo de clases, el cambio de salón de clases, una mudanza o un cambio familiar como un divorcio, una boda o la llegada de un bebé. Elabore también un plan familiar para distintas emergencias que puedan afectar a los niños. Conversen sobre las medidas de seguridad, por ejemplo, cómo y cuándo llamar al 911, dónde pueden reunirse todos si suenan las sirenas de la comunidad y qué hacer en caso de incendio. Asegúrese de que los niños sepan cuál es su dirección, así como los números de teléfono de los adultos de la familia. Los niños también pueden ayudar a buscar y reunir los elementos necesarios para armar un kit de emergencia familiar. Encontrará detalles al respecto en *www.redcross.org*. Haga clic en Español > Obtener ayuda > Preparación para emergencias para niños > Cómo pueden prepararse las familias para las emergencias.

Ayude a los niños a dar una mano a los demás. Pueden escribirle a alguien que esté enfermo o a ayudantes de la comunidad, como los bomberos. Pueden escribir a líderes y a políticos para decirles lo que piensan. A los niños también les gusta hacer dibujos, escribir cuentos o poemas, hacer manualidades y pequeños regalos, y ayudar en las tareas domésticas. Ayude a su hijo a pensar en las personas que pueden valorar sus cartas y regalos, como amigos, familiares, parientes y personas que se encuentren en entornos institucionales como hospitales o residencias de ancianos. Anímelo a donar objetos como juguetes, ropa o libros con poco uso para que los aprovechen personas necesitadas. La Cruz Roja acepta donaciones de dinero para brindar ayuda humanitaria; las organizaciones benéficas locales aceptan donaciones de ropa y muebles. Los artículos de cuidado personal y los productos enlatados también son bienvenidos en los refugios y comedores comunitarios. Además, los niños pueden participar en caminatas para apoyar la lucha contra las enfermedades.

Enseñe a los niños a valorar las diferencias. Las personas tienen rasgos físicos, habilidades, intereses, costumbres y creencias diferentes. Demuestre, mediante la enseñanza y el ejemplo, que las diferentes formas de ver, hablar, actuar y aprender de todas las personas son valiosas e interesantes. Ayude a los niños a respetar y apreciar todo tipo de diversidad; fomente su curiosidad por los demás y anímelos a compartir también sus propios rasgos y experiencias singulares. Eso les enseña a no sentir temor por lo desconocido y favorece la comprensión entre las personas de diferentes orígenes.

Si es necesario, busque ayuda externa. A pesar de todos nuestros esfuerzos, pueden producirse cambios de comportamiento que afecten la alimentación, el sueño o el juego cuando los niños tienen miedo o son conscientes de una crisis. Tolerar temporariamente esas conductas, así como pasar más tiempo de lo habitual con el niño, son acciones que pueden contribuir a incrementar la sensación de calma y protección. Sin embargo, si un miedo limita o domina la vida cotidiana del niño, busque ayuda profesional. Puede pedirle al pediatra, al orientador, al psicólogo o al trabajador social que le recomienden un terapeuta o un especialista en desarrollo infantil. Informe a la agencia o al terapeuta en caso de que el costo sea un impedimento; consulte si el costo de los servicios se puede cubrir a través de un plan médico o si se puede obtener asistencia de bajo costo o de forma gratuita.

Recursos adicionales para ayudar a los niños

Los siguientes recursos son de utilidad para aliviar los miedos de los niños pequeños. Para obtener libros sobre miedos específicos, consulte en su biblioteca o librería.

APA, American Psychological Association, Crisis Hotlines and Resources
apa.org/topics/crisis-hotlines • Ofrece recomendaciones para fomentar la capacidad de recuperación de los niños pequeños en tiempos de crisis social.

"Helping Children Cope with Terrorism: Tips for Families and Educators"
nasponline.org • Información y orientación de la Asociación Nacional de Psicólogos Escolares.

"Mommy, I'm Scared": How TV and Movies Frighten Children and What We Can Do to Protect Them
por Joanne Cantor, Ph.D. (Nueva York: Harcourt, 1998). Presenta investigaciones, estudios de casos y teorías de la psicología evolutiva para ejemplificar los efectos de la violencia presente en los medios de comunicación, junto con estrategias para ayudar a los niños a enfrentarse a los miedos que inducen los medios.

PBS Parents
pbs.org/parents/learn-grow • Un sitio con artículos informativos sobre una serie de temas relacionados con el desarrollo de la primera infancia.

Sesame Workshop
sesameworkshop.org • Contenido impreso y en video para que los padres y cuidadores ayuden a los niños a manejar el estrés y el miedo.

There's a Big, Beautiful World Out There!
por Nancy Carlson (Nueva York: Puffin Books, 2004). Un libro para niños que fomenta la valentía, la superación de la ansiedad y una actitud positiva ante la vida.

Acknowledgments

I wish to thank Judy Galbraith and all those at Free Spirit who have enthusiastically supported this book of hope. I especially thank Marieka Heinlen for the lovely design and Margie Lisovskis who, as editor, has shared her wonderful expertise with patience and sensitivity. I am also grateful to Meredith Johnson, whose artistry brings the message to life.

Agradecimientos

Quisiera agradecer a Judy Galbraith y a todas las personas de Free Spirit por el apoyo entusiasta que le han brindado a este libro de esperanza. Agradezco especialmente a Marieka Heinlen por el hermoso diseño y a Margie Lisovskis, que, como editora, ha compartido su magnífica experiencia con paciencia y sensibilidad. Agradezco también a Meredith Johnson, cuyo arte da vida al mensaje.

About the Author

Cheri J. Meiners, M.Ed., has her master's degree in elementary education and gifted education. The author of the award-winning Learning to Get Along® social skills series for young children and a former first-grade teacher, she has taught education classes at Utah State University and has supervised student teachers. Cheri and her husband, David, have six children and enjoy the company of their lively grandchildren.

Acerca de la autora

Cheri J. Meiners, M.Ed., tiene una maestría en Educación Primaria y Educación Dotada. Es autora de la galardonada serie sobre comportamiento social para niños *Learning to Get Along®*, fue maestra de primer grado, ha dictado clases de educación en la Universidad Estatal de Utah y ha supervisado a maestros practicantes. Cheri y su esposo, David, tienen seis hijos y disfrutan de la compañía de sus alegres nietos.